DE LA
MUSIQUE

PAR

MARIE-BERNARD GIERTZ.

> Tu aimeras le Seigneur ton Dieu de tout ton cœur, de tout ton esprit, de toute ton âme, de toutes tes forces.

Extrait du journal l'*Univers*.

PARIS.

IMPRIMERIE BAILLY, DIVRY ET Ce,

PLACE SORBONNE, 2.

1857

DE LA MUSIQUE

I.

La pratique de l'art pour l'art pèche directement contre le premier commandement de Dieu, parce que toute expression du *beau* est un acte d'amour, qui, à ce titre, n'est dû qu'à Dieu seul. En effet, tant que nous n'aimons pas, nous croyons déjà bien faire en remplissant exactement nos devoirs, si toutefois il est possible de les remplir sans l'amour de Dieu; mais dès que l'amour entre dans nos cœurs, nous trouvons à faire ces mille petites choses délicates qui sortent du domaine de l'*utile* pour constituer celui du *beau*. Toute forme de beauté est donc essentiellement une forme d'amour.

Dieu lui-même nous en donne l'exemple dans les créations de la nature : un champ de blé, un champ de pommes de terre, ne nous parlent pas de l'amour de Dieu comme nous en parle une fleur..... si Dieu pouvait avoir des devoirs envers une créature perverse, le champ de blé serait presque le devoir de Dieu, de nous nourrir après nous avoir créés. Mais la fleur, cette charmante et gracieuse inutilité, est-elle bien autre chose qu'une expression d'amour de Dieu? Il me semble qu'elle nous découvre comme toute surabondance de l'amour du cœur de Jésus.

Les beaux-arts étant nés de ce besoin du cœur humain d'embellir, c'est-à-dire d'aimer, ils sont comme des fleurs spirituelles qui ne doivent être offertes qu'à Celui qui est jaloux de tous les mouvements de nos cœurs, et qui a bien voulu nous aimer le premier. L'hommage de toute œuvre d'art est donc rigoureusement dû à Dieu, et l'artiste qui fait de l'art pour l'art passe sa vie à produire des actes d'amour du diable.

Après cela, pourquoi les artistes se plaignent-ils de ce que l'*utile* envahit tout, et que les beaux-arts sont de moins en moins compris et estimés? Toute chose qui veut avoir le droit d'exister, à côté de ses obligations envers Dieu a encore des services obligatoires à rendre, soit à l'âme, soit au corps de l'homme. J'estime l'ouvrier qui me chausse, qui m'habille, qui bâtit ma maison, j'estime même à la rigueur l'inventeur du chemin de fer, qui me fait aller plus vite quand je suis pressé; mais le coloriste, le rimeur, le sonneur, qui colore, qui rime et qui sonne uniquement pour sa propre gloire et au plus grand avantage du mal, pourquoi veut-il que je l'estime, et quels services me rend-il? Est-ce qu'il assiste mon âme de manière à la mettre en état de mieux supporter les fatigues et les défaillances de ce chemin difficile qui se nomme le chemin du paradis? Ne m'ôte-t-il pas plutôt ces vêtements de l'âme, la foi et la charité, qui étaient destinés à la couvrir et la préserver contre le froid et les épines de la route ? Et si je m'égare en chemin et que j'aie besoin de tous les moyens de vitesse pour arriver à temps, sait-il me construire un chemin spirituel pour me ramener à toute vitesse dans la voie droite des commandements de Dieu?

L'art s'est perdu par orgueil. Il n'a pas voulu accepter son rôle de serviteur de l'Eglise, il a voulu être maître à son tour, et il a trouvé l'esclavage le plus dur et le plus humiliant : celui de l'ignorance et de l'or. Il n'a pas compris que le jour où il se sépare de l'Eglise, il perd son caractère élevé d'*enseignant* pour prendre celui d'*amuseur*, au même titre qu'un saltimbanque que l'on renvoie aussitôt qu'il ennuie.

La musique étant l'art qui parle le plus directement à l'âme, devrait être le premier à rentrer sous la domination de l'Eglise. Mais pour opérer ce retour il lui faudrait se dépouiller de son expression *vague*, le vague n'existant pas dans l'Eglise, et se revêtir du caractère en même temps précis et mystérieux de *l'infini*.

C'est ce que nous allons essayer de faire, avec le regret bien grand que cette tâche ne soit pas échue à quelqu'un de plus habile et de moins indigne de la remplir convenablement. Toutefois nous avons l'espoir que notre faiblesse même nous servira, en nous pénétrant plus profondément de la nécessité de chercher la lumière auprès de Celui qui est la lumière du monde.

Nous rappelerons d'abord qu'il est généralement admis : 1° que la musique n'a pas de signification précise; 2° que la musique représente le sentiment, mais qu'elle ne possède aucun moyen de reconnaître la ressemblance de ce sentiment, toute vérification étant rendue impossible, d'un côté par le nombre infini de sentiments que renferme le cœur humain, de l'autre côté par l'incompréhensibilité de *l'idéal*. Ce qu'exprime la musique instrumentale, a dit le célèbre auteur dont nous avons déjà cité les définitions (M. Fétis), est une énigme, et pour celui qui compose, et pour celui qui exécute, et pour celui qui écoute, parce que la musique instrumentale exprime *l'idéal*.

Tout cela veut dire, ce nous semble, que la musique ne sait clairement ni ce qu'elle exprime, ni comment elle l'exprime. Si elle est sans signification sous le rapport moral et intellectuel, comment peut-elle représenter le sentiment, qui est très étroitement lié et à la morale et à l'intelligence? Si elle est sans moyens de reconnaître la ressemblance de ses représentations, comment peut-elle savoir que c'est le sentiment qui en est l'objet? Le peintre sait ce qu'il représente, parce que son intelligence peut saisir, par l'intermédiaire de la vue, le rapport de forme et de couleur qui existe entre son tableau et la chose qu'il a voulu peindre. Mais si l'ouïe, dès qu'il s'agit de musique, est hors de la portée de l'intelligence, comment, encore une fois, a-t-elle pu nous apprendre que ce qu'elle entend est une représentation du sentiment? Je veux bien que nous sentions par instinct certaines vérités; mais pour que ces vérités passent à l'état d'art ou de doctrine, il faut que l'intelligence s'en mêle, sinon point d'art, point de doctrine. Un art ou une doctrine, c'est-à-dire un enseignement, doit s'adresser à l'homme tout entier; or, l'homme n'est pas seulement *sentiment*, il est aussi *intelligence*, et tout ce qui étant inaccessible à l'esprit parle au cœur, y jette le trouble, et partant la corruption. Ceci est tellement vrai, qu'il est même dangereux d'exciter dans l'homme de grands désirs de sainteté, sans lui donner en même temps une méthode claire et précise pour y parvenir. Tout ce qui est *vague* porte au dérèglement, et un désir mal défini est l'auxiliaire le plus sûr que le démon puisse trouver dans le cœur de l'homme.

La morale et le bon sens sont donc également intéressés à ce que la musique sorte enfin des ténèbres de confusion qui ont défiguré sa pure et sérieuse beauté.

Ce travail de débrouillement doit porter sur trois points, savoir : 1° la nature du sentiment; 2° ce que c'est que *l'idéal;* 3° les moyens que possède la musique pour représenter ce *sentiment idéal.*

Pour éclaircir le premier point, nous écarterons tout d'abord la difficulté du nombre infini de sentiments, en faisant observer que l'on fait confusion de sentiments et de *nuances.* Tous les mouvements du cœur humain peuvent être ramenés à un seul principe, qui est l'*amour*, mais dont les *nuances* sont infinies, depuis le plus haut degré d'élévation jusqu'au dernier degré d'abaissement où puisse se trouver une âme humaine. Nous aimons, ou nous n'aimons pas, voilà tout le mécanisme du cœur, amour ou haine; — mais la haine n'est pas un sentiment indépendant, elle est uniquement l'impression que la vue du mal ou du bien produit sur l'amour, qui hait nécessairement tout ce qui est contraire au bien ou au mal, selon sa *nuance*.

L'amour a trois nuances principales, sujettes à une infinité de subdivisions : l'amour de Dieu, l'amour de soi-même, et l'amour combiné de Dieu et de soi-même. C'est ce dernier amour que le Seigneur vomit de sa bouche.

Chacune de ces nuances produit trois effets. L'amour de Dieu produit la *pureté*, l'*abnégation*, le *sacrifice;*

L'amour de soi-même : l'*infamie*, l'*orgueil*, la *lâcheté;*

L'amour combiné : le *trouble*, l'*indécision*, la *tiédeur*.

L'amour peut se trouver dans trois états différents, correspondant à ses trois principales nuances : dans la *joie*, dans la *douleur*, dans la joie et la douleur unies, donnant naissance à l'*incertitude*, qui est *crainte* ou *espérance*; crainte, réminiscence de douleur, espérance, réminiscence de joie. La joie et la douleur éternelles créent le repos ou stabilité. Repos de bonheur ou de terreur. L'incertitude crée la tendance ou nécessité d'un changement.

C'est là, si nous ne nous trompons, le résumé de la nature et de l'action du *sentiment* dans nous.

Essayons maintenant de préciser ce que c'est que l'*idéal*. — Nous nous servons ici de l'expression *idéal*, parce qu'elle est consacrée dans le langage des arts, mais il nous semble que, dès qu'il s'agit des mouvements de l'âme, le terme *surnaturel* serait plus exact, l'homme déchu ne pouvant plus s'élever à la perfection sans le secours d'une opération surnaturelle et divine.

L'*idéal* est une chose qui est contraire à la *réalité*, mais conforme à la *vérité*. Ses perfections sont au-dessus de l'état *réel* et *naturel*, mais elles sont possibles, c'est-à-dire *vraies*. L'objet des représentations de la musique instrumentale étant le sentiment ou l'*amour idéal*, nous devons donc rechercher dans quelles conditions doit se trouver l'amour pour être *idéal*. Celui qui aime un objet aimable à cause des satisfactions qu'il lui procure, aime selon la *réalité*, et d'un amour *naturel*.

L'amour idéal, au contraire, est pur et désintéressé, sa marque distinctive est le sacrifice. Il aime celui qui n'ajoute rien à son bonheur, à qui tout manque pour être aimé, et dont il n'a reçu que des outrages; et il l'aime si pleinement et si entièrement qu'il consent à devenir, à cause de lui, un objet de haine et d'horreur. Il quitte la splendeur de ses perfections pour se couvrir des opprobres de son bien-aimé, et après ce dépouillement de tout, il inspire encore à celui qu'il anime, le sacrifice de la vie et le don entier de lui-même, non pas une fois, ce ne serait pas assez pour satisfaire à cet amour, mais continuellement, à travers tous les temps et jusqu'à la fin des siècles.

Il n'y a qu'un seul cœur dans lequel on trouve tous ces caractères de l'amour *idéal*, et ce cœur est celui du Sauveur des hommes.

Ceci posé, la musique, pour représenter le *sentiment,* doit posséder les moyens de donner : sa forme, ses nuances, les différents produits qui en découlent, et l'état dans lequel le sentiment est conduit par chacun de ces produits en particulier.

Ensuite, la musique instrumentale, représentant l'*idéal,* doit nécessairement se produire à nous sous une forme capable de retracer les adorables mouvements du cœur de Jésus dans les différentes phases de sa passion.

Voilà le programme de la musique, en dehors duquel elle cesse d'exister comme art et comme enseignement.

Toute chose existante, spirituelle ou matérielle, se présente à nous sous deux points de vue distincts : celui de la *substance* et celui de l'*expression.* L'union de ces deux éléments forme le tout complet. La substance du sentiment est créée de Dieu, l'expression du sentiment vient de l'état où il se trouve.

Les deux éléments dont se compose la musique sont *mesure* et *son.* La *mesure* est la *substance,* le *son* en est l'*expression.*

La *mesure* est la division du temps, le *son* est le moyen par lequel cette division est rendue sensible au sens de l'ouïe. Mais la mesure se meut dans le temps d'une manière raide et inflexible, et le *son* n'a par sa nature que l'expression *une* et uniforme. Pour s'approprier au sentiment, qui est souple et flexible dans sa substance et multiple dans ses expressions, ces deux matières premières de la *mesure* et du *son* subissent un travail de transformation, de même que la pierre précieuse est taillée et polie pour être montée en parure. C'est ce travail qui a produit le *rythme* et la *tonalité*, transformations artistiques de la *mesure* et du *son*, et de leur union est sortie la musique.

Nous croyons avoir démontré, dans la première partie de ce travail, que le rythme musical présente tous les caractères de l'amour divin, et partant de l'amour humain, qui en est l'image. En effet, le rythme a trois formes distinctes : *binaire, ternaire, combinée*, qui correspondent exactement aux trois formes de manifestation de l'amour de Dieu en nous, savoir : *force*,— *grâce*,— force et grâce *réunies*, donnant naissance à la *tempérance*, qui est la symétrie du calme et de l'enthousiasme. De ces trois manifestations découlent les trois effets : *pureté, abnégation, sacrifice*.

Le rythme binaire,—force, calme, ligne droite,—est la forme fondamentale de la pureté, parce que la pureté étant ternie par la moindre émotion, elle suppose un calme et une force qui ne se démentent jamais.

Le rythme ternaire,—grâce, émotion, ligne courbe,—est la forme fondamentale de l'abnégation. L'abnégation naissant d'un premier mouvement de l'amour de Dieu, qui commence à faire plier l'esprit, et qui se manifeste par une légère émotion ou *confusion*, caractère distinctif de l'humilité.

Le rythme combiné,—force et grâce, émotion dans le calme, cercle avec ses rayons,—est la forme fondamentale du sacrifice, cette vertu sublime qui embrasse tout à la fois les sens, l'esprit, le cœur, et élève l'âme à une union parfaite et entière avec Dieu. L'émotion dans le calme est le caractère du sacrifice, qui dilate le cœur et le sort de la régularité du calme matériel, en lui imprimant un mouvement plus grand, plus libre, en un mot, un mouvement surnaturel.

Pour que la musique puisse reconnaître la nuance précise du sentiment qu'elle se propose d'exprimer, il doit exister une manifestation extérieure du sentiment, indiquant ces nuances et tombant dans le domaine de l'oreille. Cette manifestation, c'est la respiration. En effet, la respiration nous transmet fidèlement tout ce qui se passe dans le cœur. Si le cœur se trouve dans un état de calme et de tranquillité, la respiration se fait régulièrement, sans secousse et sans interruption ; mais dès qu'il est remué par des affections moins sereines, que les passions et les inquiétudes y prennent naissance, la respiration change, devient irrégulière, précipitée, ralentie ou entièrement suspendue dans les moments de défaillance ou d'exaltation suprême.

Le rythme musical, aussi bien que le sentiment, a sa respiration, produite par l'accent du temps fort, observé ou altéré, et qui imprime à la mesure, soit un mouvement régulier et calme, soit un mouvement lourd ou agité.

Les mesures binaine, ternaire et combinée, composées d'autant de notes d'égale valeur qu'il y a de temps dans la mesure, et *accentuées régulièrement*, donnent une respiration de l'amour divin. Ces mêmes mesures, dans les mêmes conditions, mais *accentuées irrégulièrement*, produisent une respiration de l'amour déréglé de soi-même. L'amour combiné, penchant tantôt du côté du bien, tantôt du côté du mal, respire, plus ou moins, dans les deux mouvements, et se reconnaît surtout par son expression qui indique sa fin dernière.

Si vous voulez un modèle de respiration de pureté, *écoutez* le sommeil d'un enfant au berceau; si vous désirez connaître la grâce du mouvement ternaire, reportez-vous aux émotions de votre première communion; et si enfin vous voulez étudier le sublime mouvement du sacrifice, représentez vous la respiration en même temps calme et exaltée du prêtre et de la religieuse, au moment où leurs âmes renoncent à tout, pour devenir les épouses du Seigneur...

La division et l'accentuation régulières de la mesure, en donnant le modèle de la respiration rythmique, ne donne pas celui de la forme sentimentale, qui est *rythme* et non pas *mesure*. Le rythme est sorti de la mesure, mais il n'est pas la mesure. La mesure est matérielle, le rythme est spirituel; la mesure est justice, le rythme est miséricorde. La mesure est toujours la même, elle n'a qu'une forme fixe et immuable, et qui ne s'approprie qu'à la chose pour laquelle elle a été faite. Le rythme se transforme sans cesse, il se plie à tout, il s'approprie à tout, il entre partout; il est tantôt justice, tantôt amour; il donne la vie à ce qui était déjà mort, et élève à la dernière perfection ce qui paraissait le plus vil et le plus méprisable.

Aussi, par les combinaisons rythmiques, une *mesure* accentuée irrégulièrement peut produire une respiration pure, de même que l'observation régulière de l'accent sur le temps fort peut produire une respiration lourde et déréglée (Exemple un grand nombre de mélodies de Bellini). Sous cette même action du rythme, les mesures fondamentales se transforment et prennent le caractère les unes des autres.

Cette contradiction apparente vient de ce que le rythme, présentant toutes les propriétés de l'amour de Dieu, il fait des miracles.

Le miracle est *création* ou *rédemption*. Le rythme étant surtout et avant tout le mouvement du cœur, ses miracles présentent surtout le caractère du miracle de la Rédemption.

Pour opérer la Rédemption, Dieu s'est incarné dans une ressemblance de corruption, et il a pris la forme d'un esclave du péché. Mais dès que cette forme a été animée par le mouvement divin, elle est aussi devenue divine ; et ce cœur de chair, en tout semblable au nôtre, a été rendu digne d'adoration, sous les pulsations de l'amour d'un Dieu.

C'est là exactement le caractère des transformations qu'opèrent les différents mouvements du rythme, appliqués aux mesures fondamentales.

Ces transformations se font : par le déplacement de l'accent, par la durée plus ou moins longue des notes dont se compose la mesure, par le mouvement ralenti ou accéléré, et enfin par la construction de la période,

Ce sont les différentes combinaisons de ces éléments, *accent*, — *durée*, — *mouvement*, qui produisent les formes sentimentales ou phrases musicales. Ces formes, aussi bien que les mouvements du cœur humain dont elles sont l'image, peuvent varier à l'infini. Mais, de même que les mouvements du cœur, quelque soit du reste leur extravagance ou leur dérèglement, se rapportent toujours, et *malgré eux*, à un des trois caractères, *force, grâce, tempérance*, de même la phrase musicale, dans n'importe quelle tête d'artiste, sera toujours construite dans un des trois rythmes, *binaire, ternaire, combiné*. Sortie de là, elle tombe dans le néant.

Dans toute cette infinité de formes spirituelles, c'est toujours par la respiration que l'on détermine la nuance fondamentale du sentiment exprimé. Car la respiration reste *mesure*. Seulement, étant passée sous la domination du rythme, elle en subit les lois. Ce n'est plus la *mesure* qui respire, c'est la *phrase*, dont les diversions forment des temps forts et des temps faibles indépendants de ceux de la mesure. De cette manière la respiration peut être régulière dans la *mesure*, irrégulière dans la *phrase*, binaire dans la mesure, ternaire dans la phrase, etc. Mais le rythme ayant absorbé la mesure, c'est la respiration de la phrase, substituée à celle de la mesure, qui indique la nuance sentimentale.

Ceux qui défendent la spiritualité de la musique, s'opposent toujours avec force à l'idée de donner un sens exact à la musique instrumentale, prétendant que la précision détruirait l'essence même de la musique, qui est le *mystère*. Le côté mystérieux de la musique, comme celui du sentiment, n'est pas dans l'impossibilité de déterminer sa nuance et son caractère, mais dans l'impossibilité de fixer à ses mouvements un nombre ou une forme précis.

L'amour de Dieu produit un *mouvement* différent dans chaque cœur, mais cet amour lui-même ne change pas; il est mystérieux, infini, jamais *vague*. Le *vague* porte dans l'âme les ténèbres de la confusion ; en y portant la clarté, la précision y laisse le *mystère*, qui est incompréhensible, mais déterminé. Nous avons une notion très précise de tous les mystères de la religion, mais quel esprit créé pourra jamais en pénétrer les profondeurs ?

Pour que les formes rythmiques puissent avoir du *caractère*, elles doivent être appelées à la vie sous l'influence d'un sentiment *déterminé*, parfaitement *défini* et *définissable*. Plus ce sentiment sera clair, plus il donnera de *conviction* à l'artiste, et partant, de grandeur à son œuvre ; car dans la vie artistique comme dans la vie morale, la grandeur naît et périt avec la force des convictions. Ce qui distingue les œuvres musicales de notre époque, c'est précisément ce manque de physionomie et de caractère ; c'est de l'eau tiède, et toujours de l'eau tiède, jusqu'à ses dernières conséquences.....

Les artistes d'autrefois, qui ont fait des compositions que l'on désespère à présent de pouvoir jamais égaler, avaient une conviction dans le cœur, ou, au moins, désiraient en avoir une. Si donc, chez eux, la présence seule de cette conviction, qui n'était pas même appliquée directement à leurs œuvres, a produit de si grandes choses, combien n'en produira-t-elle pas de plus grandes chez l'artiste dont les productions sont la conséquence directe d'un sentiment clair et parfaitement défini. Le jour où les artistes musiciens mettront autant de soins à étudier les mouvements du sentiment *idéal*, qu'en mettent à étudier leurs modèles les peintres et les sculpteurs, ce jour-là verra éclore de nouveaux, de véritables chefs-d'œuvre.

II.

Jusqu'ici nous n'avons parlé des nuances du sentiment que dans leurs rapports directs avec Dieu, laissant de côté toutes celles qui ne se rapportent qu'aux affections purement humaines. Cette manière de procéder nous a paru plus correcte, parce que l'art devant toujours tendre à *l'idéal*, il ne doit jamais perdre de vue son divin modèle, sans quoi le sentiment humain viendrait bien vîte à se corrompre.

Mais, on le comprend, toutes les affections humaines, reconnues légitimes par l'Eglise, forment des nuances de l'amour divin; de même toutes celles que l'Eglise déclare illégitimes sont des nuances de l'amour déréglé de soi-même.

Les affections humaines peuvent être divisées en nuances principales : *amour, amitié,* dont l'amour de Dieu forme le couronnement et le repos. Ces affections étant plus ou moins soumises à toutes les misères de notre pauvre nature, le cœur dans lequel elles sont établies aura ses mouvements plus comprimés, moins grands et moins libres que ceux du pur amour de Dieu.

L'amitié étant une nuance essentiellement calme, sera toujours représentée par une forme rythmique *binaire;* tandis que l'amour trouve sa forme dans le mouvement ternaire, qui, même accentué régulièrement, marque une respiration légèrement altérée : la grâce étant née du désir de plaire, elle est nécessairement accompagnée d'une certaine émotion, inséparable de tout sentiment, qui cherche sa force en dehors de soi-même.

Le parfait amour de Dieu, se composant de la force et de la douceur, du calme et de l'enthousiasme, donnera seul un développement complet au cœur de l'homme. Sous l'impulsion de cet amour, ses mouvements deviendront calmes, grands, nobles, en même temps qu'ils perdront toute raideur pour se conformer au doux et humble cœur de Jésus. Ce mouvement produira toujours une forme rythmique *combinée* ; ce qui ne veut pas dire que tout morceau de musique représentant ce sentiment doit être écrit dans une des *mesures combinées* $\frac{12}{8}$-$\frac{12}{16}$ etc., non plus que les nuances de l'amitié ou de l'amour humains ne demandent des *mesures* à quatre ou à trois temps. Car, on doit se le rappeler, la *phrase* musicale étant indépendante de la mesure, les formes rythmiques de *force, grâce, tempérance,* peuvent se trouver alliées à n'importe quelle indication de mesure. La *mesure* donnant le caractère *naturel* de l'âme, et le *rythme* les transformations *surnaturelles* que cette âme subit sous l'influence du bien ou du mal suprême.

Des trois éléments qui concourent à la formation du rythme, l'*accent* nous indique si l'âme se trouve dans l'agitation ou dans le calme.

La durée détermine plus particulièrement les *proportions* rythmiques. Le simple, le grand, le sublime, demandent des durées de notes ou des développements de période bien plus grands que les nuances inférieures du sentiment.

Le mouvement peut être vif ou lent. Le mouvement *vif* nous montre le sentiment actif et ardent. Ici les pulsations se succèdent avec rapidité, se combattant ou s'unissant, selon les développements du caractère dépeint. Ces ardeurs de cœur n'excluent nullement les moments de fatigue ou même de défaillance, surtout là où la respiration, cessant d'être naturelle, nous retrace ces émotions fiévreuses, qui ont plutôt leur principe dans l'imagination que dans les affections du cœur.

Le mouvement *lent* nous représente le repos, la réflexion, la méditation, la prière... Les impressions et les idées passent lentement devant l'œil intérieur, qui les contemple, pendant que l'esprit les pèse et en tire des conséquences pratiques pour l'avenir. Dans les morceaux de musique instrumentale appelés *symphonie, concerto, sonate,* c'est le morceau à mouvement lent qui décide du caractère du finale, de même que les heures de réflexion et de repos décident du développement et de la fin dernière de notre âme.

La substance du sentiment étant spirituelle, et partant, infiniment subtile, l'examen de ses formes et de ses mouvements ne suffit pas pour l'entière détermination de son caractère. Il faut examiner encore ses expressions, produites par l'état où il se trouve, et correspondant à ses trois nuances principales : amour de Dieu, *joie*; amour de soi-même, *douleur*; amour combiné de Dieu et de soi-même, *incertitude*.

Le *son*, expression de la mesure, s'étant transformé en *tonalité*, pour devenir expression du *rythme*, a dû trouver dans cette transformation trois accents ou expressions différents, pour correspondre aux trois formes rythmiques fondamentales : *forme régulière, forme irrégulière, forme incertaine.*

Nous trouvons ces trois expressions dans les trois accords fondamentaux *majeur, mineur, dissonant.* L'accord parfait majeur, a l'accent clair et franc de la *joie.* L'accord parfait mineur, par son expression triste et sombre, celui de la *douleur.* L'accord parfait *dissonant,* celui de l'*incertitude.* Les deux accords majeur et mineur, étant sans tendance, expriment le *repos.* L'accord dissonant, par la nécessité d'une résolution, exprime la *tendance.*

De même que les deux états, *joie, douleur,* sont des états fondamentaux, dont l'incertitude n'est que l'accident ou l'intermédiaire, de même les deux accords parfaits, majeur et mineur, forment les deux modes ou expressions fondamentaux, desquels l'accord dissonant constitue la transition ou l'accident.

Si la mesure musicale représente la mesure de la respiration, le *son* représente la voix humaine d'une manière non moins exacte. La voix, comme la respiration, est soumise à toutes les influences du sentiment.

Quand nous ne recevons que des expressions ordinaires, la voix se maintient à un diapason qui n'est ni trop haut ni trop bas. Mais lorsque l'émotion naît et grandit, la voix s'élève jusqu'à la force de l'exaltation, ou s'éteint dans les faiblesses de la défaillance. De même le *son* enfle et s'élève, par le *crescendo,* jusqu'au *forte,* ou descend par le *diminuendo,* jusqu'au plus léger *pianissimo.*

La voix, comme la musique, a deux expressions ou *tons* fondamentaux, parfaitement distincts [illegible] de la *joie* et celui de la *douleur.*

Les *inflexions* de la voix changent selon la nature

et le degré des affections qu'elle exprime. La tonalité musicale offre tous les timbres nécessaires pour l'expression de ces changements.

Lorsque la voix interprète des affections naturelles à un degré modéré, le changement d'*inflexion* est peu sensible, et surtout n'a rien qui frappe ou qui étonne. Un léger timbre de tristesse peut s'y mêler, même dans le *ton du bonheur*, sans rien altérer de sa sérénité fondamentale. Si, au contraire, des mouvements extraordinaires se font sentir dans le cœur, le timbre de la voix change souvent et fortement.

L'état naturel, le parfait équilibre de toutes les forces morales, se trouve représenté en musique par la suite d'accords appelée *cadence parfaite*, et composée des accords du premier, du quatrième et du cinquième degré de la gamme diatonique. Ici se trouvent réunis les éléments nécessaires pour l'expression de tout sentiment paisible et calme. Si une légère teinte de tristesse y est mêlée, l'accord mineur du second degré remplace celui du quatrième, sans rien changer à la *base* de la cadence.

Les accords du troisième et du sixième degré portent en eux une tendance prononcée à sortir du ton où l'on se trouve, et représentent ainsi les premières altérations dans l'état normal du sentiment. L'emploi de ces accords et, à plus forte raison, de modulations entièrement étrangères au *ton*, doit donc être motivé par des situations sentimentales plus fortes et plus émouvantes. Changer de tonalité à chaque moment pour flatter l'oreille et cacher ainsi l'absence de toute idée, est un des caractères de la musique moderne. La modulation remplace la musique, comme le coloris remplace la peinture.

La cadence parfaite se compose de quatre inflexions ou timbres différents : 1° l'accord du premier degré avec sa *tonique* pour base ; 2° l'accord du quatrième degré ; 3° l'accord du premier degré avec sa *quinte* pour base ; 4° l'accord du cinquième degré, dit accord de la dominante.

Si l'on fait entendre consécutivement ces deux accords 1-4, l'oreille ne saurait décider lequel des deux est *tonique*. Si on y ajoute l'accord du premier degré avec sa quinte par base, l'oreille reconnaît le *ton*, mais elle n'est entièrement satisfaite que par l'apparition de l'accord de la dominante, qui attire pour la terminaison celui du premier degré avec sa tonique pour base.

Les deux accords des quatrième et cinquième degrés se trouvent donc dans des rapports d'*indécision* et de *désir* vis-à-vis de celui du premier degré.

Ces nuances de sentiment sont peu sensibles lorsqu'elles se succèdent dans les passages d'un même morceau; mais elles deviennent significatives dès qu'il s'agit d'apprécier l'expression d'un morceau de musique à plusieurs parties, écrites dans des tonalités différentes.

Nous avons déjà fait remarquer que dans ce genre, c'est le moment de la réflexion qui décide du développement final. Si le compositeur choisit le *quatrième ton* pour ce morceau, il y jette un sentiment d'indécision qui imprime au finale, tantôt une expression de nullité, tantôt une expression de désespoir éternel. Tandis que le *cinquième ton*, par son rapport de *désir*, entraîne presque forcément, dans le finale, l'accomplissement des désirs de l'homme, qui est le bonheur.

Les deux plus beaux motifs de finale qui existent,

celui du concerto de Weber *fa-mineur* et celui de la symphonie de Beethoven *ut-mineur*, sont conçus dans ces conditions. Il serait impossible d'énumérer tous les tons qui peuvent être employés dans ce morceau si important de la méditation, mais les rapports de chacun d'eux peuvent être établis d'une manière tout aussi précise.

Rythme et *tonalité*, *respiration* et *voix*, voilà donc les éléments dont se compose une œuvre d'art en musique. Nous venons de les examiner séparément, il nous reste à les considérer sous le rapport de l'unité.

Au premier abord, l'observation régulière de l'accent sur le temps fort semble naturelle au ton majeur, le calme et la durée étant les premières conditions du bonheur; tandis que la souffrance dans un état moral *parfait*, ne doit être que passagère, et, partant, sujette au rythme irrégulier. Cet ordre de choses serait le seul vrai, si les âmes se développaient grandement et régulièrement dans le bien, sans crainte et sans faiblesse. Mais par cela même que ces deux maux existent, l'état du bonheur subit leur influence, et emprunte quelquefois leurs formes et leurs mouvements. En effet, le rythme irrégulier, dans le ton majeur, mêle l'agitation à la joie. Or, l'agitation ne naît dans le bonheur que parce qu'il a été précédé par la lutte, et que la crainte de le perdre existe toujours. L'accentuation régulière dans le ton mineur donne à la douleur un cachet de désespoir sans fin et sans remède; la régularité ne pouvant exister que dans un état devenu durable et normal, c'est-à-dire *éternel*. De là cette expression d'indicible terreur qui se retrouve dans tous les morceaux de musique où la respiration régulière est unie aux accents douloureux du ton mineur.

Les proportions rythmiques, naissant de la durée des notes et des périodes, changent de signification, selon qu'elles se trouvent alliées à une expression de joie ou de douleur. Ce qui est innocence et résignation en majeur, devient aisément plainte en mineur; et telle forme qui, en majeur, donne un chant de triomphe de l'amour divin, exprime, en mineur, le sombre enthousiasme de l'orgueil, qui ne reconnaît plus d'autre Dieu que lui-même.

La signification du *mouvement* est nécessairement la même dans les deux modes, majeur et mineur.

Les trois grands maîtres : Haydn, Mozart et Beethoven, nous fourniront des exemples pour appliquer ces règles d'explication. La respiration calme, facile et légère des sonates de Haydn, marque qu'elles sont des produits du premier effet de l'amour divin *pureté,* nuance humaine: *amitié.* Quand, par moment, l'émotion y paraît, la respiration n'en devient que plus dégagée, comme si elle était produite par cette dilatation de poitrine que l'on éprouve sous l'influence d'une bonne pensée ou d'un air pur.

Les sonates de Mozart sont des produits du second effet de l'amour divin : *abnégation,* nuance humaine : *amour.* L'affection qui y est exprimée a presque constamment la respiration émue du rythme ternaire. Cette émotion étant unie à une expression de mélancolie, n'est pas celle de l'humilité (nuance divine), mais celle du désir de satisfaction. L'émotion naît dans l'humilité, par la vue de nos misères; mais elle conduit à la joie par la confiance dans la bonté et la miséricorde de Dieu. Tandis que le désir de satisfaction enfante la tristesse. Ce sentiment, généralement exprimé dans les œuvres de Mozart, n'est pas, on le comprend, sans exceptions. Nous ne citerons que la sonate en *ré majeur*, le n° 4 du second livre, qui exprime la joie d'une affection des plus tendres et des plus pures... Nous en appellerons le finale : « sentiments d'une épousée chrétienne. »

Les œuvres de Beethoven se rapportent au second effet de l'amour de soi-même : *orgueil*, mais orgueil poussé à un tel degré d'exaltation, qu'il prend les proportions du sublime, c'est-à-dire du *sacrifice*. Il nous semble que, parmi les sonates pour le piano, les deux œuvres 57 et 111 nous montrent ce sentiment à son apogée. La première nous représente l'orgueil conduit au désespoir ; la seconde, l'orgueil conduit à la folie.

Le premier *allegro* de l'œuvre 57 se compose d'accès de rage et de désespoir, interrompus par de longues défaillances. Le ton est mineur, la mesure et la respiration combinées. Les motifs, ou plutôt le motif, car il n'y en a en réalité qu'un seul, dont les autres ne sont que des transformations, est construit sur le seul accord parfait qui, étant sans tendance, nous indique une âme peu affectueuse, mais sensible à la grandeur. L'orgueil s'y montre dans quatre phases différentes : orgueil qui se plaint, orgueil qui brave, orgueil qui tombe en défaillance, orgueil qui entre en délire.

Las phrases de triomphe sont en majeur et accentuées régulièrement; celles de la plainte en mineur, accentuées irrégulièrement, ce qui leur donne un cachet de lâcheté ; les accents sont supprimés dans celles de la défaillance, et indiquent ainsi une suspension de la respiration ; dans le délire, il y a plus d'accents que de temps forts, et la division inégale des membres de phrase produit une respiration qui semble sortir d'un cœur qui se brise et se déchire.

L'*andante* avec variations, est écrit dans le *sixième ton*, qui se rapporte au quatrième du ton majeur fondamental : expression incertaine. L'accentuation régulière de toutes les deux mesures du thême donne une respiration qui se calme graduellement. La forme de variations indique une âme préoccupée d'une seule idée, qui se présente constamment et sous différents points de vue. L'expression en est douce et mystérieuse, et donne ainsi à penser que cette âme, naguère si violemment remuée, succombe à une de ces léthargies qui suivent les fortes émotions, et que les douces harmonies qui l'enveloppent sont de vagues souvenirs, passant devant elle comme en rêve. Les deux accords dissonants, qui terminent le morceau, confirment cette opinion. L'un, attaqué *pianissimo*, est le premier mouvement d'une souffrance qui se réveille ; le second, *fortissimo*, est une exclamation de douleur, suivie presque immédiatement de cris aigus et répétés, qui forment le commencement du finale, en ton mineur. La mesure de $\frac{2}{4}$, unie au temps d'*allegro*, donne une respiration précipitée. La phrase principale, sur laquelle roule tout le finale, commence deux fois et s'interrompt deux fois, comme si la respiration venait de manquer ; après quoi, elle se lance comme un flot impétueux qui entraîne et submerge tout, mais à travers duquel on entend toujours les plaintes et les gémissements d'une âme en travail de perdition. L'éternité de ce désespoir est marquée par l'observation régulière de l'accent sur le temps fort, qui est continuelle, excepté dans le motif, qui forme le second point du morceau, et dont la respiration irrégulière et l'expression plaintive nous montrent l'orgueil pleurant de commisération sur lui-même. Suit le premier motif, avec un redoublement de force, et terminé par une longue défaillance.

Beethoven fait répéter deux fois cet intermède; c'est une faute : une émotion suprême ne se répète jamais, et précipite la conclusion.

La péroraison est le paroxysme de l'orgueil, décidé à tout braver jusqu'à la fin. Elle est écrite en *presto* à deux temps, divisés en quatre notes d'égale valeur, ce qui exalte la respiration jusqu'aux dernières limites du possible; accentué régulièrement et suivi du motif principal en *tempo* accéléré, mais accompagné par la main gauche d'un accord *arpeggio*, frappé *forzando* sur le temps faible : c'est la nature qui s'ébranle et s'épouvante à la vue du gouffre qui s'ouvre devant elle. Elle recule, elle veut résister à ce courant d'orgueil; mais c'est trop tard, la peur ne remplace pas la soumission : la résistance est brisée, le repentir rejeté, et tout s'engloutit dans un long cri de terreur.

Dans ces analyses, nous ne pouvons qu'indiquer les points principaux, et donner la clé de l'explication de la musique instrumentale; entrer dans tous les détails, mesure par mesure, et phrase par phrase, nous mènerait trop loin. Un jour nous entreprendrons ce travail dans des cours spéciaux et avec le piano sous les doigts, si telle est la volonté de Dieu. Nous ajouterons seulement que l'œuvre 111 de Beethoven, écrite également en ton mineur, et composée de trois parties : *introduction, allegro, thême* avec *finale,* nous dépeint l'orgueil qui ricane, qui menace sourdement, qui brave, qui se plaint, et, finalement, devient fou. Introduction et *allegro : mesure* de force et de pureté; *respiration,* tantôt *combinée,* tantôt *ternaire,* tantôt *binaire,* habituellement régulière; *expression :* désespoir ; finale : *mesure, forme, respiration* de folie ; *expression :* incertitude.

Nous avons choisi *la sonate* pour exemple de ces explications, parce que, selon l'avis de tous les musiciens, elle est la forme la plus parfaite de la musique instrumentale (on sait que le concerto et la symphonie reproduisent la même forme), et que, par conséquent, c'est dans elle que nous devons chercher la reproduction de *l'idéal.*

La sonate peut se composer de deux, trois et quatre parties. La sonate à trois parties est la plus parfaite, pouvant seule nous représenter le développement complet et régulier du *sentiment,* depuis sa nuance humaine la plus faible, jusqu'à sa nuance divine et surnaturelle.

Le sentiment, on se le rappelle, peut se trouver dans trois états différents : *douleur, incertitude, joie.*

Si nous considérons la vie de l'enfant, nous la trouvons partagée entre la *douleur,* causée par les réprimandes et les punitions que lui ont attirées ses petites fautes ; la *crainte* et l'*espérance* naissent de ses réflexions et de ses résolutions de ne plus offenser ceux qui l'aiment; et enfin, la *joie,* qui revient avec le pardon et le doux espoir de rester toujours dans la voie de la sagesse. Voilà les trois points d'une sonate.

Plus avant dans la vie, qui n'a éprouvé des brisements du cœur et de l'esprit? L'amour du bien et de la justice nous paraît si naturel au début de notre carrière, que nous pensons le trouver établi partout dans les âmes. Mais nous n'allons pas loin sans voir ces belles illusions tomber devant de tristes et de sérieuses réalités. Vient alors l'heure de la réflexion, où l'âme se replie sur elle-même, cherchant à guérir ses blessures et à trouver de nouvelles forces pour pouvoir continuer à vivre. Heure importante dans l'existence humaine, où la vie et la mort, la *crainte* et l'*espérance* s'en disputent la possession. Si l'*espérance* l'emporte, l'âme s'élèvera jusqu'à la prière, et alors elle aura vaincu le monde. Elle entrera dans cette *joie* surnaturelle qui domine toutes les peines de la vie, les portant toutes, comme un léger fardeau, jusqu'aux portes de l'éternité. Voilà encore les trois points d'une sonate : *douleur, méditation, joie.*

Maintenant, si nous jetons un coup d'œil sur l'histoire de tous les peuples, nous trouvons chez tous les traditions d'une chute, l'espoir d'une délivrance, ou, pour nous servir des termes les seuls parfaits, nous trouvons partout, *chute, attente, rédemption.* Toujours les trois points de la sonate : *allegro, adagio, finale.*

Nous posons ici le type *idéal* de la sonate, ce qu'elle *devrait* être, non ce qu'elle est. Des déviations existent et existeront toujours, parce que la vie intérieure de l'homme ne se développe pas, en tout temps, d'une manière régulière et harmonique. Des âmes d'une trempe inférieure, qui sont ou trop faibles pour vaincre la douleur, ou trop légères pour la sentir profondément, donneront lieu à des productions dont le développement suivra une marche contraire ou différente.

La sonate n'embrasse pas non plus forcément une existence toute entière; souvent elle n'en retrace que des épisodes. (Voir la plupart des sonates de Haydn, de Mozart et beaucoup d'autres.)

La sonate à quatre parties est augmentée d'un morceau à trois temps, le *scherzo*, qui trouve ordinairement sa place entre l'*adagio* et le *finale*. Le mouvement ternaire, en temps vif, indique que le caractère en est plutôt léger que grave. Le rythme renversé et irrégulier, presque toujours adopté pour cette pièce, lui donne une expression convulsive et nerveuse, qui contraste avec le mouvement gai des trois temps : la méditation, qui précède, ayant été inutile et inefficace, et, par conséquent, n'ayant amené aucun changement stable dans l'état de cette âme, elle se livre à une joie folle et déréglée, qui entraîne, dans le finale, soit un désespoir sans remède, soit une de ces stations qui laissent en suspens la conclusion dernière. Ces morceaux peuvent être d'une grande perfection sous le rapport de l'exécution de l'idée qu'ils représentent, mais ils pèchent sous le rapport de l'idée elle-même, dont la beauté, en toute œuvre d'art, constitue le principal mérite.

La beauté de l'idée, en musique, se détermine par la question : Quels doivent être nos sentiments par rapport à nous-mêmes, par rapport à nos semblables, par rapport à Dieu? Nous devons *souffrir* par la vue des misères de ce monde, nous devons *désirer* avec ardeur de les voir disparaître, nous devons nous *réjouir* par le ferme espoir qu'un jour ces désirs seront exaucés, et qu'alors il nous sera donné de contempler face à face *l'idéal,* cette beauté éternelle qui a été le rêve de toutes les âmes vraiment artistes, et qui n'est autre chose que Dieu lui-même..... Encore les trois points de la sonate : *souffrance,—désir.—accomplissement.*

Cette forme : sonate, — concerto, — symphonie, à trois parties, reste donc à jamais la plus parfaite de la musique instrumentale, pouvant seule rendre la beauté de l'idée dans sa plus haute et sa plus complète expression. C'est aussi par elle que la musique s'élève au-dessus des autres arts, et qu'elle acquiert sur eux une supériorité semblable à celle de l'âme sur le corps. De combien d'accessoires matériels n'ont-ils pas besoin, les autres arts, pour dépeindre une existence humaine? Que de représentations, que de descriptions des lieux et des personnes, que de faits secondaires à faire ressortir, afin de préparer l'esprit à recevoir l'impression d'une action principale?

La musique n'a besoin de rien de tout cela ; elle nous place immédiatement au milieu de l'âme ellemême, elle nous initie à ses mouvements les plus mystérieux, et, par un souffle, par une respiration, elle nous fait sentir et comprendre ce qu'aucune langue ne saura jamais expliquer. Aussi est-elle l'image parfaite de la contemplation, où l'esprit s'entretient avec l'esprit, sans intermédiaire, même de la parole.

On comprend tout le parti que l'on pourvait tirer

de l'art musical dans l'éducation de la jeunesse. Rien de plus difficile que d'amener les enfants à aimer ce qui est purement spirituel, et à se dégager de ce qui n'impressionne que les sens. De plus, à tout âge, l'entière connaissance de soi-même est la science la plus nécessaire, et, partant, elle est la moins possédée de toutes. Une instruction musicale dirigée avec sagesse peut devenir pour l'enfant, sans qu'il s'en doute, une étude approfondie de l'âme humaine et lui apprendre ainsi à juger et à surveiller les affections de son propre cœur.

Enfin, et c'est là son insigne titre de gloire, la conception de la sonate impose à la musique, comme un rigoureux devoir, d'étudier et de représenter les mouvements du sacré-cœur de Jésus... En effet, pour se trouver dans les conditions d'une œuvre parfaite, la sonate doit nous retracer l'*idéal* de la *douleur*, du *désir*, de l'*accomplissement*. Or, il n'y a qu'une douleur sans mélange d'égoïsme : la douleur d'un Dieu chargé des nos iniquités; il n'y a qu'un désir entièrement pur : le désir d'un Dieu, de mourir pour nous racheter; il n'y a qu'un triomphe digne de transporter nos cœurs : le triomphe d'un Dieu, sortant du tombeau, vainqueur de l'enfer et de la mort.

Agonie.—Sacrifice,— Résurrection, voilà en même temps les trois points de la sonate, le but et le résumé de toute la musique instrumentale.

www.ingramcontent.com/pod-product-compliance
Lightning Source LLC
LaVergne TN
LVHW052013160826
845678LV00003B/1040

9782329642956